AF504418

DEDICATION:
TO OUR BEAUTIFUL CHILDREN, ANDRES & ADELYN.

Nota Para Padres:

¡Feliz Día de San Valentín!
Al embarcarse en este
Devocional Para Niños,
durante los próximos
14 días, nuestra oracion
es que los corazones
de sus pequeños crezcan en amor
a Dios y con unos e otros.

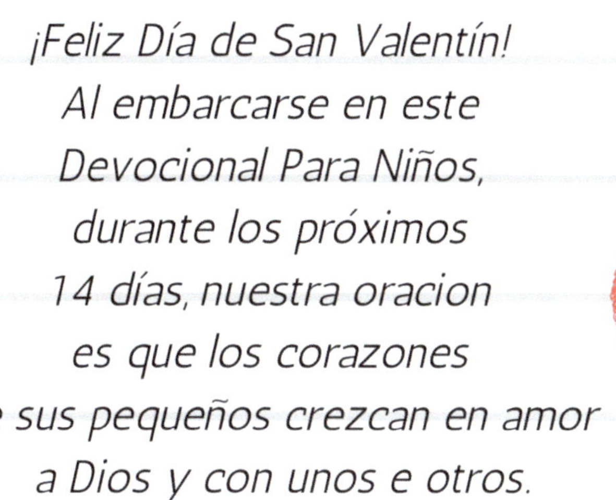

Note to Parents:

Happy Valentine's Day!
As you embark on this
Valentines Devotional for the
next 14 Days, we pray that
it grows your little ones' hearts
closer to God and each other.

Con Amor,
Jose & Elizabeth Escobar

DIA 1

"Y hagan todo con amor." - _1 Corintios 16:14_
En todas las actividades que realizamos en el día, cada acto puede estar lleno de amor. La Biblia nos enseña a ser amorosos en todo lo que hacemos. Mostrar amor significa compartir un juguete con tu hermano o hermana y escuchar a tus padres.

DAY 1

"Be loving in everything you do."
- 1 Corinthians 16:14
In every activity you do in your day, each act can be filled with love. The bible teaches us to be loving in everything we do. Showing love means sharing a toy with your brother or sister and listening to your parents.

DEMUÉSTRALO

Hay muchas maneras de manifestar el amor de Dios.
Hoy demuestra y cuenta con acciones y palabras.
Muéstrale a un miembro de la familia que lo amas siendo un ayudante especial (por ejemplo, ayudando a poner la mesa, recogiendo los juguetes...).

SHOW & TELL

There are many ways you can show God's love.
Today show & tell with your actions and words.
Show a family member you love them by being a special helper (ex. Help set the table, pick-up toys...).

DIA 2

"Tres cosas durarán para siempre: la fe, la esperanza y el amor; y la mayor de las tres es el amor."

- 1 Corintios 13:13

A medida que aprendas a cultivar tu fe leyendo la Biblia y esperando en las grandes promesas de Dios para tu vida, tu corazón empezará a llenarse más del amor de Dios y hacia todos los que te rodean.

DAY 2

"The three most important things to have are faith, hope and love. But the greatest of them is love."

-1 Corinthians 13:13

As you learn to grow in faith by reading your bible and hoping in God's great promises for your life, your heart will begin to be filled with more of God's love for God and for everyone around you.

DEMUÉSTRALO

Dedica un tiempo a orar con tus padres hoy por un vecino o amigo que esté enfermo o tenga necesidad.

SHOW & TELL

Take some time to pray today for a neighbor or friend who is sick or is in need with your family..

DIA 3

"Nosotros amamos porque el nos amo primero."
- 1 Juan 4:19

¿Cómo sabemos cómo ser amorosos? Porque Jesús nos amó primero. Jesús nos enseñó a amarnos unos a otros y nos amó tanto que vivió su vida pensando siempre en nosotros. Así que, al igual que Jesús, nosotros también podemos amar a los que nos rodean.

DAY 3

"We love because he loved us first." *- 1 John 4:19*

How do we know how to be loving? Because Jesus loved us first. Jesus taught us to love one another and loved us so much that He lived His life always thinking of us. So just like Jesus, we too can love those around us.

DEMUÉSTRALO

Dios nos muestra su amor y cuánto se preocupa por nosotros a través de su creación. Hoy antes de ir a dormir, ve afruera con to papas si puedes o a tu ventana para contar las estrellas. Cada estrella es un recordatorio de cuanto te ama Dios.

SHOW & TELL

God shows us his love and how much he cares for us through his creation. Tonight before going to sleep, go outside with your parents if you can or to your window and do some stargazing. Every star you could is a reminder of how much God loves you.

DIA 4

"Queridos hermanos, amémonos los unos a los otros, porque el amor viene de Dios." - 1 Juan 4:7

Dios creó los cielos y la tierra, la luna y las estrellas. ¡Lo creó todo porque nos ama! El amor viene de Dios. Y Él nos creó con un corazón amoroso para compartir ese amor con los que nos rodean.

DAY 4

"Dear friends, let us love one another, because love comes from God." - 1 John 4:7

God created the heavens and the earth, the moon and the stars. He created it all because He loves you! Love comes from God. And He created you with a loving heart to share that love with those around you.

DEMUÉSTRALO

¡Es hora de dar grandes abrazasos! Dale a cada miembro de la familia un gran abrazo con mucho cariño y un beso para demostrarles que tan especial son para ti.

SHOW & TELL

Time for some BIG hugs! Give each family member a big, loving hug and kiss just to show them you care.

DIA 5

"El amor es paciente, es bondadoso."
- 1 Corintios 13:4

¿Ya has compartido el amor de Dios con alguien hoy? Puedes compartir el amor de Dios con paciencia. La próxima vez que estés esperando tu turno en un juego pídele a Dios que te ayude a esperar de manera amable.

DAY 5

""Love is patient. Love is kind." *- 1 Corinthians 13:4*

Have your shared God's love with someone today? You can share God's love with patience! The next time you are waiting for your turn in a game ask God to help you wait in a kind way.

DEMUÉSTRALO

Practica la paciencia hoy en dejar que tu amigo o hermano/hermana elija el juego primero. Recuerda que cuando muestras paciencia y amabilidad estás compartiendo el amor de Dios.

SHOW & TELL

Practice patience today by giving your friend or brother/sister the chance to chose a game/activity first.. Remember by showing patience and kindness you are sharing God's love.

DIA 6

"En todo tiempo ama el amigo; para ayudar en la adversidad nació el hermano." - Proverbios 17:17

La amistad es importante, Jesús tenía un grupo de amigos íntimos con los que viajaba y ayudaba a la gente. Si quieres ser un buen amigo, primero debes convertirte en un buen amigo. Un amigo es cariñoso y está dispuesto ayudar cuando su amigo está en problemas. Los amigos íntimos pueden convertirse en hermanos.

DAY 6

"A friend loves at all times. They are there to help when trouble comes." - Proverbs 17:17

Friendship is important, Jesus had a group of close friends he traveled with and helped people with. If you want to be a good friend, you must first become a good friend. A friend is loving and is willing to help when your friend is in trouble. Close friends can become brothers or sisters.

DEMUÉSTRALO

Toma un momento hoy para crear una tarjeta de felitación para un amigo que lo necesite y pídele a uno de tus padres que te ayuden a enviar la tarjeta por correo.

SHOW & TELL

Take a moment today to create a get well card for a friend in need then ask your mom or dad to help you send the card in the mail.

DIA 7

"Ámense los unos a los otros con amor fraternal, respetándose y honrándose mutuamente."
- Romanos 12:10

Honrar es tratar a los demás con respeto y amabilidad. Jesús te llama a honrar y respetar a los que te rodean, esto es mostrar amor. Puedes honrar a tu amigo agradeciéndole cuando te invita a jugar.

DAY 7

"Love one another deeply. Honor others more than yourselves." - Romans 12:10

Honor is to treat others with respect and kindness. Jesus calls you to honor and respect those around you, this is showing love. You can honor your friend by thanking them when they invite you to play!

DEMUÉSTRALO

Utiliza cinta y cuentas para crear una pulsera de la amistad para honrar y agradecer a tu amigo especial por su amistad.

SHOW & TELL

Use ribbon and beads to create a friendship bracelet as a way to honor and thank your special friend for their friendship.

DÍA 8

"Fíjense qué gran amor nos ha dado el Padre, que se nos llame hijos de Dios!" - 1 Juan 3:1

¿Sabías que de entre todas las creaciones de Dios, tú
eres su favorita? El Dios que creó la luna, las estrellas, las montañas y las flores es quien más te quiere.

DAY 8

"The Father has loved us so much! He loved us so much that we are called children of God."
- 1 John 3:1

Did you know that out of all of God's creation, you are his favorite? The God who created the moon, stars, mountains and flowers loves you the best.

DEMUÉSTRALO

Pide a tus padres o a tu cuidador que te lleven a dar un paseo por la naturaleza. Durante el paseo recoge hasta cinco objetos de la naturaleza. Cuando vuelvas a casa, crea un libro de la naturaleza para usarlo como recordatorio de todas las formas creativas en que Dios te ama.

SHOW & TELL

Ask your parents or caregiver to take you on a nature walk. On your walk collect up to five nature items. Once you return home, create a nature book to use as a reminder of all the creative ways God loves you the most.

DIA 9

"Traten a los demás tal y como quieren que ellos los traten a ustedes." - Lucas 6:31

¿Qué sientes cuando tu hermana te quita tu libro o manta favorita? Puede que te entristezca o te enfade. Aquí es donde entra en juego la regla de oro del amor: haz a los demás lo mismo que a ti. Amar a los demás a la manera de Dios lleva tiempo, pero a medida que creces se vuelve más divertido.

DAY 9

"Do to others as you want them to do to you." - Luke 6:31

How does it feel when your sister takes away your favorite book or blanket? It might get you sad or angry. This is where practicing love's golden rule comes in - do unto others as to you. Loving others God's way takes time but as you grow it becomes more fun!

DEMUÉSTRALO

Crea un sello de la regla de oro con papel de construcción y luego pégalo en una botella de burbujas para dárselo a un amigo.

SHOW & TELL

Create a golden rule seal from construction paper then glue it to a bubble bottle to give to a friend.

DÍA 10

"Más vale dos que uno, porque el resultado puede ser mucho mejor." Eclesiastes 4:9

Dios te creó para tener amistad porque sabe que tú y un amigo pueden divertirse más juntos que si estuvieran solos. Tú y tu hermano pueden limpiar la habitación más rápido cuando trabajan juntos.

DAY 10

"Two people are better than one. They can help each other in everything they do."

- Ecclesiastes 4:9

God created you to have friendship because He knows that you and a friend can have more fun together than if you were alone. You and your sibling can clean up the room faster when you work together.

DEMUÉSTRALO

Después de limpiar tu cuarto con tu hermano/a, ofrécele a tu mamá o a tu papá ser su ayudante especial en la cocina para ayudar a preparar la cena u hornear galletas para compartir.

SHOW & TELL

After cleaning your room with your sibling, offer your mom or dad to be their special helper in the kitchen to help cook dinner or bake cookies to share.

DIA 11

"Alabaré tu misericordia y tu justicia; cantaré, Señor, salmos a tu nombre." - Salmos 101:1
El amor de Dios por nosotros es tan asombroso que nos hace cantar por todo lo que ha hecho. ¿Puedes pensar en las muchas maneras en que Dios te muestra que te ama?

DAY 11

"I will sing of steadfast love and justice; to you O Lord, I will make music." Psalm 101:1
God's love for us is so amazing that it makes us want to burst into song for all He's done! Can you think of the many ways God shows you he loves you?

DEMUÉSTRALO

¡Es hora de hacer una fiesta de alabanza! Prepara tus pies para danzar y tu voz para cantar y hacer un ruido alegre al Señor. Elige tu canción de adoración favorita y disfruta del amor y la presencia de Dios.

SHOW & TELL

Time to have a praise party! Get your dancing feet and singing voice ready to make a joyful noise to the Lord! Choose your favorite worship song and enjoy God's love and presence.

DÍA 12

"Así como el Señor los perdonó, perdonen también ustedes." Colosenses 3:13
Puede ser difícil perdonar cuando alguien no es amable con uno. Cuando nos mantenemos cerca de Dios, Él perdonará nuestros errores y nos enseñará a perdonar. Cuando perdonamos, el amor de Dios crece y hace brillar nuestros corazones.

DAY 12

"Forgive each other because the Lord forgave you." -Colossians 3:13
It can be hard to forgive when someone is unkind to you. When we stay close to God, He will forgive our mistakes and also teach us how to forgive. When we forgive, God's love grows and makes our hearts shine.

DEMUÉSTRALO

Crea una Flor del Perdón con cartulina y crayones. Luego entrega la flor a la persona con la que no fuiste amable y pídele perdón.

SHOW & TELL

Create a Forgiveness Flower with construction paper and markers/crayons. Then give the flower to the person you were unkind to; ask for forgiveness.

DIA 13

"Ama a tu prójimo como a ti mismo." - *Lucas 10:27* La mejor manera de mostrar el amor de Dios es compartiéndolo con quienes te rodean y más cerca de ti. ¿Quién te rodea?

DAY 13

"Love your neighbor as yourself." - Luke 10:27 The best way to show God's love is by sharing it with those around you and closest to you. Who is around you?

DEMUÉSTRALO

Hoy, comparte el amor de Dios con los de tu vecindario dibujando un poco de arte con tiza. ¡Se creativo! Escribe un mensaje amoroso y demustra tu corazón.

SHOW & TELL

Today, share God's love to those in your neighborhood by drawing some chalk art. Be creative! Write a loving message and draw your heart out.

DIA 14

"Ama al Señor tu Dios con todo tu corazón, con todo tu ser y con toda tu mente" –le respondió Jesús–.Mateo 22:37

Tu corazón y tu alma te hacen sentir muchas emociones, como alegría, emoción, tristeza o enfado. Tu mente te da ideas y te ayuda a pensar. Por lo tanto, es importante que permitas que Dios entre en tu corazón y en tu mente. De esta manera Dios puede caminar contigo a través de cada momento, ya sea triste o feliz.

DAY 14

"Jesus replied, "'Love the Lord your God with all your heart and with all your soul. Love him with all your mind." - Matthew 22:37

Your heart and soul makes you feel a lot of emotions like happy, excited, sad or angry. Your mind gives you ideas and helps you think. So it is important for you to allow God into your heart and into your mind. This way God can walk with you through each moment, whether sad or happy.

DEMUÉSTRALO

¿Has pensado en invitar a Jesús a tu corazón y a tu día a día? Pide a tu mamá y a tu papá que oren contigo para pedirle a Jesús que entre en tu corazón. Luego colorea una cruz dentro de un corazón para marcar el día en que invitaste a Jesús a entrar en tu corazón.

SHOW & TELL

Have you thought about inviting Jesus into your heart and day to day? Ask your mom and dad to pray with you to ask Jesus into your heart. Then color a cross inside a heart to mark the day you invited Jesus into your heart.

GOD IS LOVE!
¡DIOS ES AMOR!

Searching for a way to enhance your family devotions time? This Valentine's Season take the 14 Day journey with our family on God's love and love for one another. With these simple, easy bible devotions made especially for young children.

¿Está buscando una manera de mejorar su tiempo de devoción familiar? En esta temporada de San Valentín, emprenda el viaje de 14 Días con nuestra familia sobre el amor de Dios y el amor mutuo con estas devociones bíblicas, sencillas y fáciles hechas especialmente para niños pequeños.

Jose & Elizabeth Escobar are proud parents to two growing preschoolers, Andres (4) and Adelyn (2). They reside in Southern California, enjoy teaching their children about God, music and all things Español.

9 798703 315569